KB271128

사랑과 평화의 사도
알버트 슈바이처

Selected by Norman Cousins

THE WORDS OF ALBERT SCHWEITZER

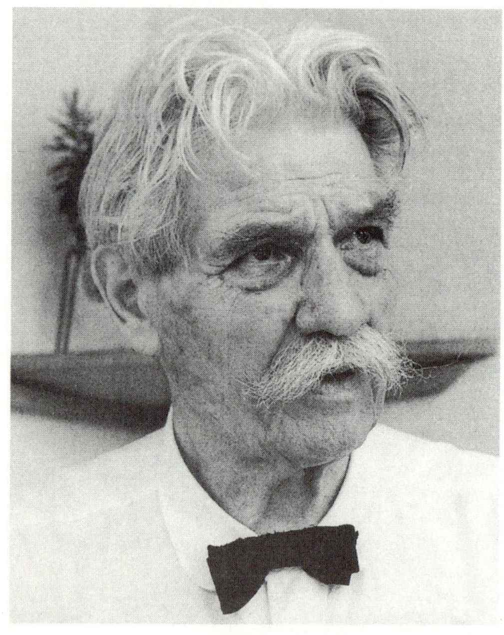

사랑과 평화의 사도

알버트 슈바이처

노만 커진스 엮음 · 권영탁 옮김

열린서원

옮긴이 권영탁

1952.9 대구에서 남/ 1971.2 경기고등학교 졸업/ 1977.2 서울대학교의과대학 졸업
1980.4 공군군의관 제대/ 1984.2 서울대학교병원 정신과 전문의 취득
1985.10~1991.8 권영탁신경정신과의원/ 1991.8~현재 한국정신과의원

저서 : 정신분열병을 이겨낸 사람들(1991), 사랑은 끝나지 않는다(1993),
　　　그대, 사랑만으로는 안 된다 하는가(1998)

사랑과 평화의 사도 알버트 슈바이처

2005년 4월 30일 초판 1쇄 발행

엮은이 노만 커진스
옮긴이 권영탁
펴낸이 이명권
펴낸곳 도서출판 열린서원

등록 / 제 99-1호(1999. 3. 11)
주소 / 서울특별시 광진구 광장동 353
전화 / 446-8391, 446-8399
팩스 / 452-3191
imkkorea@hanmail.net
www.koreanashram.com

ISBN 89-951625-8-9

값 6,500원

목차

서문

알버트 슈바이처 박사가 세상을 떠난 지 어느덧 한 세대 이상이 흘렀다. 신학, 철학, 의학, 음악 등 다방면에 걸쳐 조예가 깊었을 뿐더러, 무엇보다도 20세기의 위대한 도덕적 실천가였던 이 인물에 대하여 관심을 가진 사람은 누구나 그에 관한 풍부한 전기(傳記) 자료를 손쉽게 얻을 수 있다. 그럼에도 불구하고 오늘날의 세계는 역사와, 그리고 그 속에서 위대한 삶을 살다 간 훌륭한 사람들을 너무나도 쉽게 잊어 버리곤 한다. 그러므로 이 작은 책자는 불과 수십 년 전에 전세계 인류의 삶에 참된 빛을 밝혀 주었던 한 인물에 대한 기억을 새롭게 되살려 주는 역할을 하게 될 것이다.

슈바이처의 일대기는 다음과 같이 요약될 수 있다.

그는 1875년 1월 14일 알자스에서 태어났다. 알자스 지방은 역사적으로 프랑스와 독일의 통치를 번갈아 받아 왔기 때문에 양국의 문화가 혼합되어 있었다. 그는 일찍이 종교와 과학과 음악 등 다방면에 걸쳐 깊은 관심과 소질을 나타내 보였고, 이는 나중에 그가 어떠한 삶을 살아가게 될 것인지를 미리 예측케 해 주었다. 대학에서 신학을 공부한 그는 스트라스버어그의 한 작은 교회에서 목회자로 봉사하였고, 나중에는 같은 도시에서 신학교 교수가 되어 교육자로도 활약하였다. 종교에 관한 그의 글들, 특히 그리스도교의 기원에 관한 그의 글은 많은 사람들의 관심과 주목의 대상이 되었다. 또한 요한 세바스찬 바하의 음악과 생애에 대한 그의 해석, 그리고 오르간 제조와 연주 분야에서의 탁월한 재능은 그로 하여금 당대의 음악가로서도 탁월한 위치를 차지하게 해 주었다.

이처럼 성공적인 삶에도 불구하고, 슈바이처는 자신의 삶을 하나의 실험실로 간주하였다. 특히 그의 신학적 견해와 헌신적인 삶에 대한 입장은 당시의 일반적인 사조(思潮)와는 궤(軌)를 달리하는 것이었다. 그는 논쟁이나 이론보다는 삶의 현실을 통해서 자신의 생각을 입증하고자 했다. 그래서 다시 대학생이 된 그는 의학을 공부하고 나서, 당시의 프랑스령(領) 적도 아프리카로 건너가 한 작은 마을에 병원을 설립하였다.

그가 가봉의 람바레네에 세운 '알버트 슈바이처 병원'은 50년 이상 그곳 주민들의 성소(聖所) 역할을 했다. 현대적인 기준에서 그 병원의 장비나 기술은 결코 훌륭한 것이 못 되었음에도 불구하고 현대 사회의 위대한 영적 능력의 상징인 알버트 슈바이처가 그곳에서 봉사하고 있다는 사실만으로도 수많은 의사들과 간호사들 그리고 자원봉사자들로 하여금 20세기가 낳은 가장 '위대한 의사'의 사역에 동참케 하기에 충분했다.

우리는 이 병원의 역할을 평가하기에 앞서 그 배후의 철학을 이해할 필요가 있다. 슈바이처는 아프리카의 정글 속에 현대적인 병원을 세우려고 하기보다는, 현지 주민들과 눈높이를 같이하기 위하여 완전히 토속적인 분위기 속에서 의료봉사를 펼쳐 나갔다. 그는 아프리카인들의 가족적인 연대의식이 매우 강하기 때문에 가족들을 떠나 입원 생활을 하는 것을 주저한다는 사실을 잘 알고 있었다. 그래서 그는 우선 환자들을 진찰하고 처방을 내린 다음에는 그들이 살고 있는 거처와 거의 같은 형태의 작은 오두막 안에 입원시키곤 했다. 환자의 가족들은 의료진의 지시에 따라 환자를 보살필 수 있었다.

당시의 아프리카는 현대적인 시설을 갖춘 병원들이 더러 있기는 했으나, 람바레네의 슈바이처 병원만큼 환자들의 신뢰를 받은 병원은 없었다. 비록 현대적인 의료 장비와 위생시설을 갖추고 있지는 못했어도, 슈바이처 병원의 치유율은 그 어느 서구 병원의 치유율보다도 높았다. 슈바이처는 의사와 환자 자신에 대한 신뢰와 확신이 질병의 치유 과정에 결정적인 역할을 한다는 사실을 깊이 인식하고 있었다는 점에서 시대를 훨씬 앞서 나간 인물이었다고 할 수 있다.

나는 1957년에 슈바이처 박사의 병원을 처음으로 방문하고 나서 간단한 비망록을 작성하였다. 내가 슈바이처 박사에게서 받은 가장 깊은 인상은 그가 자기 자신과 자신의 삶을 선한 일에 최대한으로 활용하고 있다는 것이었다. 오늘날 우리가 겪는 모든 고통과 불행은 아마도 우리의 삶을 충실하게 활용할 줄 모르는 데서 오는 것일지도 모른다. 우리는 사회적, 영적, 육체적으로 구속된 채 폐쇄된 세계 속에서 한정된 일을 하며 살아 간다. 그래서 완벽한 변화를 체험하며 참된 성취감을 느끼는 것은 극히 드문 일일 뿐더러, 심지어 가장 가까운 사람들과도 진실된 관계를 유지하기가 어려울 때가 많다. 하지만 우리는 숨쉴 공기와 해방감을 갈망하며 살아간다. 이 갈망은 우리의 내면에 잠재해 있는 소리없는 목소리이다. 슈바이처는 언제나 그 목소리에 귀를 기울이며 살아간 인물이었다.

그렇다고 해서 슈바이처가 그 목소리를 따라 삶으로써 '행복'을 추구하거나 성취했다는 뜻은 결코 아니다. 그는 행복보다는 자신이 세운 목표를 훨씬 더 소중하게 생각했으며 그의 가슴 속에는 무엇이 옳은 일이고, 참된 깨달음이란 무엇이며 윤리적인 삶이란 어떻게 살아 가는 것인지에 대한 의문이 항상 자리잡고 있었다. 하지만 그렇게 살아 가기 위해서는 많은 노력이 필요했다. 그는 함께 일하는 사람들을 매우 엄격하게 대했지만 자기 자신에 대해서는 더더욱 엄격했다. 그가 추구한 것은 완벽성 그 자체가 아니라 완벽성을 향한 노력의 과정 바로 그것이었다. 그는 피아노나 오르간 앞에 앉아 한 소절의 곡조를 몇 시간 동안이나 거듭해서 연주하곤 했다. 하지만 처음에 연주된 곡조와 나중에 그 자신이 만족하리만큼 연주된 곡조 사이의 차이는 전문 음악가의 귀로도 거의 식별키 어려운 것이었다. 예를 들어, 바하의 곡을 연주함에 있어서 매우 엄격한 기준을 적용하였고, 그 곡의 해석에 있어서도 자신의 역량을 최대한으로 동원키 위해 안간힘을 쓰곤 했다. 이는 결코 단순한 편집증이 아니었다. 그는 목적있는 삶을 살아 가기 위한 당연한 자세로서 모든 일에 최대한의 노력을 기울이곤 했다.

슈바이처에 관하여 가장 중요한 사실은, 아프리카의 흑인들이 백인들에게서 거의 기대하지 않았던 희생과 봉사의 정신을 그가 자신의 삶을 통하여 실천해 보였다는 점이다. 그들에게 슈바이처 이전의 백인들은 매질과 총칼에 의한 지배, 그리고 인간의 육체에 대한 노예적인 가혹행위를 의미했다. 슈바이처는 그들의 아픔을 자기 자신의 아픔으로 받아 들여 함께 동거 동락 함으로써 우리 시대의 위대한 인도주의자가 되었다. 역사 속에서 그의 위치는 그의 병원 마루바닥을 쓸고 닦은 정성 만큼이나 찬란한 빛을 발하고 있다. 그리고 그것은 어디까지나 그의 고결한 인품과 경건한 믿음에서 비롯된 것이다.

슈바이처의 위대성은 그가 한 일들뿐만 아니라 그로 인하여 다른 사람들이 이루어 놓은 일들을 통해서 더욱 두드러지게 나타나고 있다. 그의 삶과 사상은 우리 시대에 무한한 생명력과 영감을 불러 일으킨다. 그는 보람된 삶이 무엇인지에 대한 우리의 고민을 간단하게 해소시켜 주었다. 그의 삶의 목표는 지극히 단순한 것이었으니, 윤리적인 목표를 위하여 최대한의 희생과 봉사를 아끼지 않는 것이 바로 그것이었다. 소외되고 고난 받는 사람들과 더불어 한 몸 한 뜻이 되어 살아 갔던 그의 삶과 영성은 수백만 대군(大軍)보다도 더 강력하고 위대한 능력을 우리에게 보여 주고 있다.

노만 커진스

프랑스의 귄스바하에 있는 슈바이처의 서재
<<< 에리카 앤드슨 촬영, '알버트 슈바이처 센터' (이하 '센터' 로 약칭)에 소장되어 있음

지식과 발견

KNOWLEDGE AND DISCOVERY

우리에게 다양한 형태의 편의를 제공하는

자연과학의 각종 발명과 발견들—

이것들이야말로 우리 시대의

가장 놀라운 성과라 아니할 수 없습니다.

그럼에도 불구하고

우리의 사상에는 그리 큰 발전이 없습니다.

하지만 사상의 발전은 대단히 중요하므로

우리는 반드시 그것을 이루어 내어야만 합니다.

인류가 원시 상태를 벗어나

문명사회를 이룩한 것은

우리의 머리 속에 떠 올라

소중하게 간직 되어 온

고귀한 사상들 덕분입니다.

한 시대에서 또 한 시대로

가르쳐 전해지는 사상들은
문명의 유지와 발전과 심화(深化)의
가장 중요한 원동력입니다.

우리의 성품과 삶을 결정짓는 사상들은
신비하기 이를 데 없는 과정을 거치면서
우리의 삶과 여정(旅程)을 함께 합니다.
어린 시절이 끝나면서 싹터 나온 사상들은
청춘기의 열정 속에서
꽃이 피고 열매를 맺기 시작합니다.
그 이후의 삶에 있어서는
인생이라는 나무에
과연 얼마나 많은 열매들이 맺혀 있는지가
우리의 삶과 존재를 결정합니다.

불교에서는 모든 생명이 지극히 존중됩니다.
그래서 생명 존중에 관한 저의 철학을

흔히 불교적인 것이라고들 합니다.

하지만 불교는 거기에서 끝나지 않습니다.

그리고 저의 철학도 거기에서 끝나지 않기를 바랍
니다.

헤겔은 저의 정신적인 스승이자

이성적인 인간의 표본이었습니다.

그는 특히 새로운 사상의 수용 능력이라는 점에서

인간의 잠재력을 지극히 존중한 철학자였습니다.

헤겔은 인간의 정신에

그 성장에 관련된 문제들을

스스로 해결해 나갈 줄 아는

매우 위대한 능력이 있다고 믿었습니다.

'나는 생각한다,

그러므로 나는 존재한다.'

데카르트가 남긴

놀랍도록 심오한 한 마디 말입니다.

하지만 저에게는

'나는 이가 아프다.

그러므로 나는 존재한다' 는 말이

좀더 실감나게 들립니다.

데카르트가 남긴 것과 같은 교묘한 표어들이

창조적인 철학적 사고에

과연 얼마나 도움이 될까요?

'철학자들에게서 낭만을 기대하기는 어렵겠지요.

하지만 한 가지 기억할 것은

그들이 물질계와 우주뿐만 아니라

인간과 인간의 이성을 탐구한다는 사실입니다.

그들의 탐구는 사실과 사실,

그리고 성좌(星座)와 성좌 사이의

관계에서 그치지 않습니다.

인간과 우주의 관계

이것이 바로 그들의 궁극적인 탐구 대상입니다.

인생의 성공 비결

그것은 비록 피곤하고 괴로울지라도

결코 주저앉지 않는 것입니다.

제가 의사가 된 까닭은

말 없이 일할 수 있기 때문입니다.

사랑의 종교에서는

말보다는 실천이 중요하지 않겠습니까?

회의적인 생각을 지닌 사람은

적당한 선에서 자기 자신을

엄격하게 통제할 줄 알아야 합니다.

스스로 진리를 깨달을 수 없다면

다른 사람들의 사상을 통해서라도

진리의 세계에 들어 갈 수 있도록

용기를 잃지 말고 노력해야 합니다.

하지만 많은 사람들이

아프리카, 람바레나의 '슈바이처 마을'에 있는 표지판 《 노만 커진스 촬영

회의주의의 늪에서 빠져 나오지 못한 채

진리에 대한 열정을 잃고

이 생각 저 생각 사이를

우울하게 떠돌아 다닙니다.

진리를 추구하는 사람에게는

회의주의에 빠질 틈이 없습니다.

그는 항상 지금 여기에서

비록 눈앞의 현실과는 거리가 멀지라도

참된 진리의 세계를 바라봅니다.

진리를 추구하는 사람은

언제나 성실한 삶을 살아 갑니다.

성실성을 잃은 세대는

영적인 능력이 차고 넘치는 진리의 세계에

결코 들어 갈 수 없습니다.

저는 얼마나 많은 사람들에게
사랑의 빚을 지고 있는 것일까요?
그러면서도 고맙다는 말도 하지 못한 채
제 곁을 떠나 보낸 사람들―
저는 그들의 무덤 앞에서
그들 생전에 제가 했어야 할 감사의 말들을
조용히 되뇌이곤 합니다.

감사할 줄 아는 마음은
언제 어디서 어떠한 일이 일어나든
그것을 결코 당연지사(當然之事)로
받아 들이지 않는 데에서 시작됩니다.
우리는 언제나 그 일의 배후에서 작용하는
어떤 선한 뜻의 본체를
진정으로 감사하는 마음으로
꿰뚫어 볼 줄 알아야 합니다.
다른 사람이 우리에게 베풀어 주는
따뜻한 사랑―

그것이 비록 작은 것일지라도

결코 우연히 일어난 일은 아닙니다.

그것은 언제나 우리가 잘 되기만을 바라는

간절한 염원에서 나온 것임을

결코 잊지 말아야 합니다.

하지만 어리석은 사람은

언제나 자신의 선행(善行)에 대하여

칭찬과 감사를 기대하는 법입니다.

만약에 찬사의 목소리가 작다면

그의 마음 속에는 일종의 배신감이 느껴집니다.

'배은망덕' 이라는 말이

우리 혀끝에서 맴돌 때—

바로 그 순간 우리는

자신의 내면을 들여다 볼 줄 알아야 합니다.

자기 자신에게 정직한 사람은

그것이 자신의 허영심의 산물임을

즉석에서 깨닫게 될 것입니다.

그럴 때마다 우리는 마음을 차분히 갈아 앉히고

진정한 감사가 무엇인지

다시 한 번 생각해 보아야 합니다.

그리고 어리석은 사람일수록

배신감을 자주 느낀다는 사실을

새롭게 상기하여야 합니다.

진정한 감사가 무엇인지를 아는 사람에게는

배신감이나 분노의 감정이 일어나지 않습니다.

다른 사람들과 마찬가지로,

저 역시 모순투성이의

한 인간에 불과합니다.

저의 젊은 시절 어느 날,

깊은 회한에 젖은 어른들의 목소리가

저의 가슴을 짓눌러 왔습니다.

그들은 젊은 날의 이상(理想)과 열정을

자신들의 소중한 추억으로 반추하면서도

그것을 끝까지 지켜 나가지 못한 것이

마치 자연법칙의 하나인 양

당연한 일로 받아 들이고 있었습니다.

그 순간 저는

저 자신도 그들과 똑 같은 느낌으로

저의 과거를 돌이켜 보게 될 것이

무척이나 두렵게 느껴졌습니다

그래서 저 자신에게 굳게 맹세했습니다.

젊은 시절의 꿈과 서원(誓願)을

결코 저버리지 않겠노라고.

그리고 나서 지금까지 저는

그 맹세를 지켜 나가는 삶을 살기 위해

모든 노력을 기울여 왔습니다.

인간이 자신의 존재를

당연한 것이 아니라

영원한 신비를 지닌 어떤 것으로

깊은 경외심을 갖고 바라보기 시작할 때—
바로 그 때
그의 사고(思考)가 시작됩니다.

제가 낙관주의자인지 비관주의자인지 묻는다면
저는 이렇게 대답하겠습니다.
제가 지닌 지식에 대하여는 비관주의자이지만
저의 희망과 의지에 있어서 만큼은
확고부동한 낙관주의자라고요.

다른 사람에게서 찬사를 기대하는 것만큼
추하고 헛되고 어리석은 일이 없음을,
그리고 모든 선행(善行)은
칭찬 받기 위해서가 아니라
그 자체가 지닌 덕성(德性) 때문에
행하여야 한다는 것을
너무나 잘 알고 있을 만큼

젊은 시절의 슈바이처 – 귄스바하에서 ⫸ '센터'에 소장되어 있음

마음의 수행을 충분히 갖춘 사람에게조차

배은망덕한 행위는 언제나

마음에 상처를 입히기 쉽습니다.

우리는 우리로 하여금 착한 일을 하게 만드는

낙관적인 철학을 끝까지 고수(固守)해 나가는 일이

얼마나 어려운 일인지를

너무나 잘 알고 있습니다.

그러므로 우리의 열정에 언제나 차가운 물을 끼얹는

배은망덕한 행위들은

인간의 악성(惡性)을 자극하는

가장 무서운 적의 무기입니다.

실망을 딛고 일어날 수 있는 용기―

바로 이것이야말로 우리가 지닐 수 있는

가장 훌륭한 지혜에서 나오는 것입니다.

행동 속에는 지혜와 확신이 함께합니다.

행동하지 않는 사람의 일생은

다만 투쟁과 고난의 연속일 뿐입니다.

하지만 행동하는 사람에게는

인생이 투쟁과 승리의 장(場)이라는

좀더 고차원적인 깨달음이 찾아옵니다.

그러기에 하나님은 우리에게

양육할 자녀들을 주십니다.

그러기에 하나님은 우리에게

의무와 책임을 부여하십니다.

오로지 행동을 통해서만

우리는 좀더 깊은 깨달음의 세계에

들어 갈 수 있습니다.

여러분은 더 이상 이 세상에서

아름다운 것을 찾아볼 수 없다고

불평해서는 안 됩니다.

우뚝 선 나무 한 그루,

떨리는 나뭇잎 하나에서도
여러분은 얼마든지
놀라운 세계를 발견할 수 있습니다.

자연을 좀더 깊숙이 들여다 볼수록
우리는 그 세계가 생명으로 충만해 있으며
모든 생명이 신비로 가득 차 있음을,
그리고 우리는 모두 이 생명의 신비와
하나가 되어 있음을
더욱더 절실하게 깨닫게 됩니다.

우리는 결코 우주를 설명하려고 해서는 안 됩니다.
우주의 정신은 파괴적인 동시에 창조적입니다.
그것은 파괴하면서 창조하고
창조하면서 파괴합니다.
그리고 우리는 바로 이 같은 우주의 정신에
우리 자신을 내어 맡길 줄 알아야 합니다.

우리의 지식이 쌓여 나갈수록,

모든 사물이 이해되기는커녕

점점 더 신비하게 보일 뿐입니다.

사랑을 규칙이나 법규의 틀에 가두어 놓을 수는 없습니다. 사랑은 우리에게 절대적인 명령을 내립니다. 우리는 모두 자기 자신의 삶을 살아 가면서 사랑이 내리는 무제한의 명령에 과연 어느 정도까지 순종할 것인지, 그리고 다른 사람들의 삶과 행복을 위하여 자신의 삶과 행복을 과연 어느 정도까지 희생할 것인지를 각자의 마음 속에서 결단하여야 합니다.

한 남자와 한 여자가 서로의 얼굴을 마주보며 만약에 당신이 없었더라면 저는 어떻게 되었을까요?라는 말을 자신들도 모르게 하게 되기 전까지는, 결코 그 두 사람이 삶의 모든 체험을 함께 나누었다고 말할 수는 없을 것입니다.

퀸스바하 부근 언덕 위에서 《 '에리카 엔더슨 촬영, 센터'에 소장되어 있음

우리는 모두 착한 농부가 되어야 합니다. 농사일에 첫번째로 필요한 것은 바로 희망입니다. 풍성한 추수에 대한 희망 없이 봄에 밭갈이를 하는 농부가 어디 있겠습니까? 이처럼 우리도 확실한 희망—새로운 시대가 동터 오고 있다는—없이는 아무 것도 성취할 수가 없습니다. 희망은 곧 힘입니다. 세상의 에너지는 그 안에 있는 희망의 크기에 비례합니다. 비록 희망을 품는 사람의 수가 적을지라도, 그들의 희망은 마침내 다른 사람들에게 전파되어 결코 패배하지 않는 힘의 원천이 될 것입니다.

농사일에 두 번째로 필요한 것은 침묵입니다. 우리가 세우는 모든 계획과 우리 입에서 나오는 모든 말들이 무익(無益)한 것임을 우리는 깨달아야 합니다. 하나님의 나라에서 겸손한 자세로 묵묵히 일하라는 것이 지금 이 순간 우리에게 내리는 지상(至上) 명령입니다.

농사일에 세 번째로 필요한 것은 고독 속에서 일할 줄 아는 것입니다. 우리는 각종 모임과 조직으로부터 온갖 것들을 기대하지만, 그것은 결국 자기 자신에 대한 기만행위에 불과합니다. 가장 축복 받는 노동은 자기 스스로의 힘으로 고독 속에서 행하는 노동임을 우리는 깨달아야 합니다. 들판에서 일하는 농부들은 각자 자신들의 밭을 말 없이 일구어 나갑니다. 그러면서도 그들은 같은 일에 종사하는 데서 오는 따뜻한 동료애 속에서 서로의 모습을 바라봅니다.

우리는 마치 리듬을 타고 밀려 왔다 밀려 가는 파도와도 같은 존재입니다. 우리의 영적인 삶을 위해서는 우리 주위의 모든 생명과 리듬 속에서 일체가 되려는 노력이 필요합니다.

모든 인간의 내면에는 삶에 대한 의지가 있습니다. 그것은 소위 '생명에 대한 관심' 이라는 신비에 바탕을 둔 것입니다. 우리는 결코 혼자서는 살 수 없습니다. 제아무리 이기적인 사람일지라도 완벽한 이기주의자가 될 수는 없습니다. 우리는 언제나 우리 주위의 모든 생명체들에 대하여 관심을 기울여야 합니다. 그래야만 좀더 온전한 삶을 살아 갈 수 있기 때문입니다. 인류의 발전이라는 이상을 위하여 헌신하며 세상의 모든 생명체에서 심오한 의미를 발견하려고 노력하는 것이야말로 영적인 삶의 가장 기본적인 초석이라고 할 수 있습니다.

'삶에 대한 의지'의 가장 본질적인 특성은, 그것이 최고의 완전성에 도달할 때까지 그 자체를 구현해 나가려는 강력한 충동과 원동력을 지니고 있다는 것입니다.

이 우주가 어디서 왔으며 어디로 가는지, 그리고 도대체 어떻게 존재하게 되었는지 우리는 알 수 없습니다.

하지만 삶에 대한 의지가 이 우주 안에서—그리고 우리 모두의 내면에서—살아 숨쉬고 있다는 사실만은 분명하게 알 수 있습니다.

람바레네에서 한 아기를 모자 속에 뉘어 놓고 돌보아 주는 마가렛 반 데아 크리크 박사

《《《 노만 커진스 촬영

생명에 대한 경외(敬畏)

REVERENCE FOR LIFE

머나먼 출장 길에 나선 우리는 모래 제방 사이에 난 수로를 따라 힘들게 바지선을 저어가며 강 상류로 올라가고 있었습니다. 바지선 갑판 위에 앉아 생각에 몰두해 있던 저는 그 어떠한 철학에서도 발견하지 못한 근본적이고도 보편적인 윤리 개념을 찾아 내려고 고심하면서, 정신 집중을 위해서 이런 저런 문장들을 두서 없이 종이 위에 써내려 가고 있었습니다.

그렇게 사흘째 되던 날 황혼 무렵 우리가 한 무리의 하마들 사이로 지나갈 때, 저의 머리 속에는 전혀 생각지도 못했던 문구가 떠올랐습니다. 그것은 바로 '생명에 대한 경외(敬畏)' 라는 문구였습니다. 그 때 저는 마치 굳게 닫혔던 철문이 활짝 열리고 무성한 숲 속에 난 길이 환하게 보이는 듯한 느낌이었습니다. 바로 그 순간 저는 세상과 생명을 사랑하고 존중하는 윤리 원칙을 스스로 깨닫게 된 것이었습니다.

　생명은 깊고 깊은 심연(深淵)으로부터 솟아 올랐다가 다시 심연 속으로 사라져 버리는 신비한 힘인 동시에 굳센 의지(意志)입니다. 생명은 또한 느낌이자 체험이요 고난입니다. 피조물 세계의 방대하고도 분방한 생명 현상을 통찰력 있는 눈으로 깊숙이 들여다 볼 줄 아는 사람들은 그 심오함 앞에서 갑자기 현기증을 느낄 수 밖에 없을 것입니다.

　비록 작고 보잘 것 없는 것처럼 보일지라도, 모든 인간의 고난과 삶을 존중하는 자세가 지금부터 이 세상을 다스리는 불변의 법칙이 되어야 합니다. 그러기 위해서는 낡은 표어를 새 것으로 바꾸거나 그럴듯한 연설과 선언이 필요한 것이 아니라, 한 사람에게 일어난 근본적인 마음의 변화가 서서히 다른 사람들에게로 번져 나가는 것이 필요합니다.

아프리카의 풍경 ≪ 클라라 어커트 촬영

우리는 어떻게 하여야 새로운 인류 공동체를 이룩해 나갈 수 있을까요? 그것은 진정하고도 절대적인 윤리 원칙을 모든 사람이 지켜 나감으로써 가능할 것입니다. '생명에 대한 경외' 야말로 가장 심오하고도 고차원적인 사랑의 윤리를 한 마디로 표현한 말입니다. 그것은 모든 개인과 인류 전체의 끊임없는 발전과 바람직한 변화의 힘찬 원동력이 될 것입니다.

문밖을 나서니 눈이 내립니다. 옷소매에 내려앉은 눈송이들을 무심코 털어 버립니다. 하지만 손에 묻은 눈송이 하나가 눈길을 끕니다. 놀랍도록 아름다운 빛으로 반짝이는 그 눈송이에서 신비감마저 느껴집니다. 작고 투명한 바늘들을 가늘게 떨던 눈송이는 이윽고 손 안에서 녹아 수명을 다합니다. 그것으로 끝입니다. 무한한 우주 공간으로부터 우리 손에 내려 앉아 반짝이다가 떨며 녹아버리는 눈송이―바로 이것이 하나의 생명체로서 우리 자신의 모습입니다

달을 정복하려는 욕망 속에서, 인간은 바로 발 앞에 핀 꽃 한 송이의 아름다움을 감상할 줄 모르게 되었습니다.

'생명'이라 불리는 모든 것들에 대한 경외와 사랑ㅡ 바로 이것이 윤리의 출발점이자 그 초석입니다.

'생명에 대한 경외', '생명 존중', '모든 생명과의 일체감'ㅡ우리 주변에서 들리는 이 같은 말들이 다소 진부하거나 공허하게 느껴질지 모릅니다. 하지만 이러한 평범한 말들이 지닌 의미는 매우 심오한 것입니다. 한 알의 씨앗이 비록 작고 보잘 것 없는 것처럼 보일지 몰라도, 그 안에는 꽃을 피우고 열매를 맺어 생명을 먹여 살리는 위대한 능력이 감추어져 있습니다. 이와 마찬가지로 이러한 말들 가운데에는 우리가 의식하든 못하든 간에 모든 윤리적 행위의 기초가 되는 근본 원리가 포함되어 있습니다. 결국, 윤리란 우리의 삶은 물론이려니와 모든 생명체의 삶 속에서 모든 것을 함께 나누는 것을 대 전제로 합니다.

생명 존중을 근본 원리로 하지 않는 한, 어떠한 종교와 철학도 진정한 종교, 진정한 철학이 될 수 없습니다.

마치 흰 빛이 온갖 색깔을 지닌 광선들의 집합체인 것처럼, '생명에 대한 경외'는 온갖 윤리적 요소들—사랑, 자비, 용서, 화평, 측은지심—등의 집합체입니다.

겉으로 보기에는 자연이 아름답고 신비로울지 모릅니다. 하지만 그 속을 마치 책을 정독(精讀)하듯 꼼꼼이 들여다 보면, 그 잔인성에 몸서리칠 수밖에 없습니다. 인간의 고귀한 생명이 하잘 것 없는 미생물에 의해 희생되는 것이 그 대표적인 예입니다. 한 어린이가 결핵균을 호흡합니다. 결핵균은 이 어린이의 신체 기관에서 증식해 나가기 시작하고, 마침내 이 어린이로 하여금 미처 꽃도 피워보지 못한 채 고통 속에서 죽어 가게 만듭니다. 저는 아프리카에서 수면병에 걸린 사람들의 혈액을 검사하다가 몸서리를 친 적이 한두 번이 아닙니다. 고통으로 잔뜩 일그러진 얼굴을 한 사람들이 왜 제 앞에 앉아 "아이고 머리야, 아이고 머리야" 하며 신음해야만 했을까요? 그들은 왜 밤낮으로 아파하다가 결국에는 비참한 죽음을 맞이해야만 했을까요? 그것은 바로 현미경에 비친 작은 미생물—불과 일만 분의 일 밀리미터밖에 되지 않는 창백한 빛깔의 미생물 때문이었습니다!

자연 속에서는 한 생명체가 다른 생명체에게 고통을 주거나 본능적으로 잔인하기 이를 데 없는 행동을 하는 경우가 비일비재합니다. 이는 우리가 살아 있는 동안 줄곧 우리의 마음을 짓눌러 오는 냉혹한 비극 가운데 하나입니다.

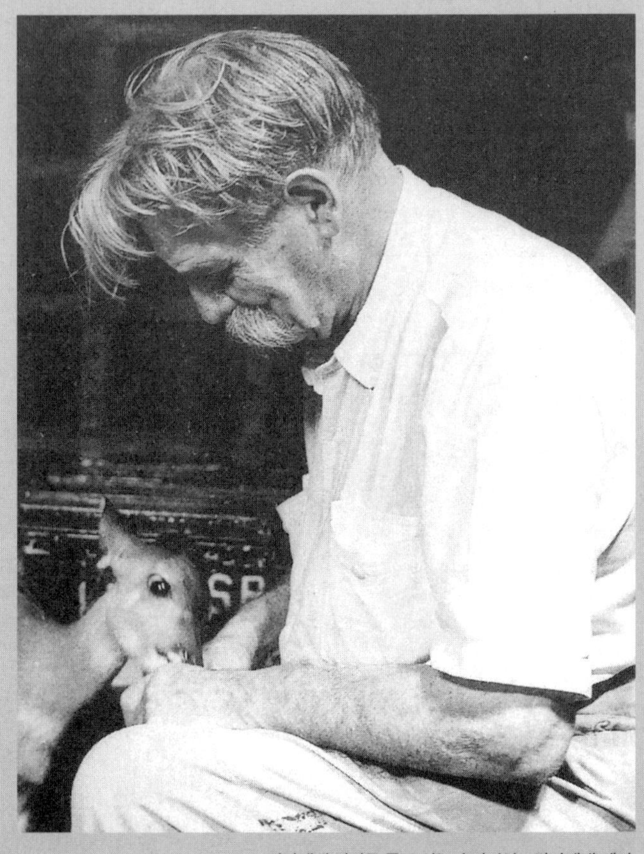

영양에게 먹이를 주고 있는 슈바이처 - 람바레네 에서
《 에리카 엔더슨 촬영, '센터에 소장되어 있음

무지(無知)와 이기주의가 판치는 세상은 마치 깊은 어둠에 싸인 계곡과도 같을 것입니다. 하지만 최상의 생명체인 인간만은 그 어둠을 뚫고 빛을 찾아 나아갈 수 있습니다.

각자의 체험과 사랑을 함께 나누며 다른 생명체들이 갖지 못한 지식을 축적해 나가는 능력이야말로 오로지 인간만이 지닌 엄청난 특권이라 아니할 수 없습니다.

우리 역시 적자생존의 냉혹한 법칙에 따라 생명을 보존코자 다른 생명체들을 고통스럽게 죽여야만 할 때가 있습니다. 하지만 그것이 매우 비극적인 일이며 결코 당연하게 받아 들일 일이 아님을 항상 명심하여야 합니다.

동물들을 학대하거나 죽이는 것을 오락거리로 삼는 일이 결코 용납되지 않을 날이 반드시 오고야 말 것입니다. 하지만 그 때가 언제입니까? 동물 사냥을 즐기는 사람들이 정신 이상자 취급을 받고, 필요에 따라 어쩔 수 없이 행하여지는 동물 살해조차 우리 모두가 슬픈 눈으로 바라보게 될 때가 언제입니까?

저는 학교에 다니기 전부터, 잠자리에 들기 전에 오로지 사람들을 위해서만 기도해야 한다는 것이 전혀 이해되지 않았습니다. 그래서 어머니가 저와 함께 기도하시고 저에게 잘 자라고 입을 맞추어 주고 가신 다음에는 언제나 모든 생명체들을 위하여 다음과 같은 기도를 마음속으로 덧붙이곤 했습니다. "오, 하늘에 계신 우리 아버지. 호흡하는 모든 것들을 보호하시고 축복해 주소서. 그들을 모든 악에서 구해 주시고, 아버지의 평화 속에서 잠들게 하소서."

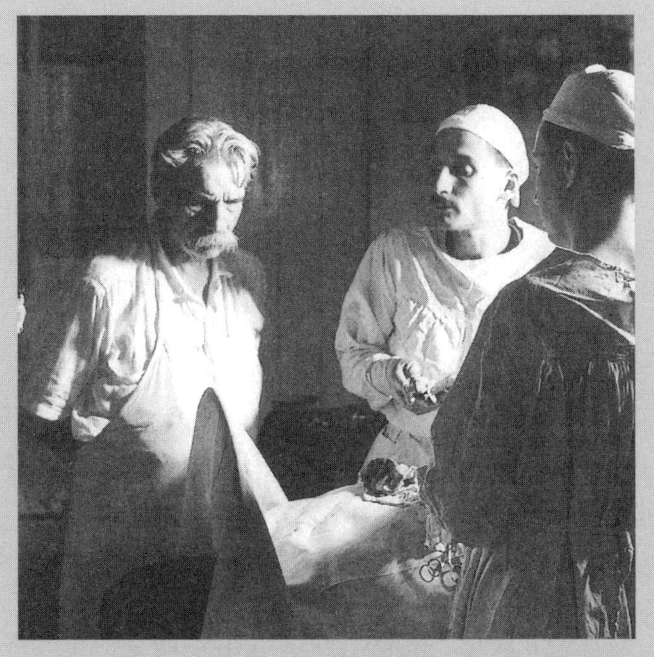

람바레네의 수술실에서 《 에리카 엔더슨 촬영, '센터에 소장되어 있음

모든 생명을 존중하고 그들과 일체가 되어 살아 가는 것은 우리의 신성한 의무입니다. 그리고 모든 생명에 대하여 경외심을 가지라는 것은 가장 원초적인 형태의 지상(至上) 계명입니다. 이를 부정어(否定語)를 사용하여 표현한다면 "살생하지 말지니라" 가 되겠지요.

모든 생명체에서 우리는 우리 자신의 모습을 보게 됩니다. 길가에 떨어져 죽은 풍뎅이 한 마리—녀석은 조금 전까지만 해도 우리와 마찬가지로 생존을 위해서 발버둥 치면서도 찬란한 태양빛을 즐기고, 온갖 두려움과 고통을 느끼던 생명체였습니다. 하지만 지금은 한낱 썩어 가는 물체에 불과합니다. 그것은 언젠가는 우리 모두에게 닥칠 우리 자신의 운명이자 우리 자신의 모습입니다.

병들었던 아기의 고통스러운 울음소리가 정상적인 아기의 배고파 우는 울음소리로 바뀌게 되었을 때—저에게는 그 울음소리만큼 아름다운 음악이 없습니다.

극심한 고통을 극복한 사람일수록 다른 사람들의 고통을 덜어 주려는 생각을 훨씬 더 많이 하게 되는 법입니다.

고통이라는 멍에를 함께 지는 사람들—자신들의 체험을 통해서 육체적인 고통이 무엇이며 병마의 공포가 어떠한 것인지 잘 알고 있는 사람들은 이 세상 어디에서 살든 신비한 연대의식으로 굳게 결속되어 있습니다.

이따금씩 저는 고요한 침묵 속에서 제가 살아 있다는 사실에 희열을 느끼곤 합니다. 하지만 저의 마음 속 한 구석에는 언제나 인간을 포함한 모든 생명체들의 고통에

대한 연민의 정이 자리잡고 있습니다. 저는 이 고통의 현
장에서 물러서려고 해 본 적이 없습니다. 저에게는 우리
가 이 세상의 고난에 동참하여야 한다는 것이 지극히 당
연한 일로 느껴집니다.

우리는 수많은 발명품을 창조했습니다. 하지만 생명
의 창조에 있어서는 완전히 무력한 존재입니다. 우리는
심지어 벌레 한 마리조차 창조할 수 없지 않습니까?

소에게 먹일 꼴을 베다가 풀밭에서 수천 송이의 꽃을
동강 낸 농부라 할지라도 길가에 핀 꽃 한 송이를 소중하
게 여길 줄 알아야 합니다. 우리는 어쩔 수 없는 필요에
의해서가 아닌 바에는 함부로 생명을 해치는 일이 있어
서는 안되겠습니다.

  자신의 삶이 지닌 신비를 관조하며 자신의 생명이 온
세상을 가득 채우고 있는 온갖 생명체들과 하나님을 깨
닫게 된 사람은 자신을 포함한 모든 생명체에 대하여 경
외를 느낄 수밖에 없을 것입니다.

권스바하의 교회 안에서 《《 에리카 엔더슨 촬영. '센터에 소장되어 있음

믿음

FAITH

저는 '믿음'이라는 말이 무엇을 뜻하는지 정의 내릴
수 없습니다. 아마도 그것은 인간의 언어가 끝나는 곳에
서 참된 의미가 밝혀지는 개념일지 모릅니다. 하지만 우
리는 마음 속 깊은 곳에서 그것이 우리에게 무엇을 말하
는지 알고 있습니다. 우리가 알고 있는―또한 하려고 하
는―모든 선한 일들은 믿음과 신실성에 의해 뒷받침되지
않는 한 그 자체로서는 아무런 가치도 지닐 수 없습니다.
그것은 마치 쇠를 담금질하는 것과도 같습니다. 비록 인
간의 언어로 설명할 수는 없을지라도, 마치 담금질한 쇠
가 전보다 수백 배나 더 강한 쇠가 되듯이, 믿음과 신실
성이라는 모루에서 담금질한 인간의 덕성(德性)은 반드
시 놀라운 능력과 엄청난 결과를 가져오게 마련입니다.

저는 그리스도교 신학자라는 사람들이 제가 지금까지 열심히 두드려 온 문으로 들어 가기를 주저한다는 인상을 받았습니다. 저는 그리스도교를 모든 생명의 신성함에 결부시키려고 노력해 왔습니다. 그것이 제가 이해하고 있는 그리스도교의 핵심적인 부분으로 생각되었기 때문입니다. 하지만 대부분의 그리스도교 신학자들은 그리스도교를 오로지 인간의 생명에만 결부시키는 경향이 있습니다. 저에게는 그것이 결코 옳은 일이라고는 생각되지 않습니다. 예수님의 가르침이 지닌 보편성에 비추어 볼 때, 어떻게 '생명에 대한 경외'가 오로지 인간의 생명만을 대상으로 할 수 있겠습니까?

저는 알자스 지방의 한 교회로부터 설교를 부탁 받은 적이 있습니다. 그로부터 며칠 후, 그 교회가 속한 지역을 포함한 알자스 지방 일대에 사상최악의 우박 피해가 있었습니다. 제가 설교를 부탁 받은 바로 그 토요일 저녁, 저는 교회로 가는 기차 속에서 우박으로 인해 황폐화된 농토며 형편없이 파괴된 가옥 등을 바라보면서, 제가

준비한 설교가 불행을 당한 주민들에게 적절치 않은 내
용이라는 생각이 들었습니다. 그들은 자신들의 불행을
위로해 줄 하나님의 말씀을 기대하면서 교회를 찾아 올
것이 분명했기 때문입니다.

그 때 저의 마음 속에는 이와 같은 재앙을 하나님이
내리신 까닭이, 그들을 시험하고 벌주기 위한 것이 아니
었을까 하는 생각이 들었습니다. 하지만 그런 말을 강단
에서 할 수야 없었습니다. 결국 저는 겟세마네 동산에서
기도하시던 예수님의 모습을 머리 속에 그리며, "아버지,
제 뜻대로 마시고 아버지의 뜻대로 하소서"라는 성경 본
문을 설교하기로 작정했습니다. 강단에 선 저는 우선 우
리 인간들이 얼마나 하나님의 뜻을 모르고 있는지를 말
하고 나서, 우리가 받는 고난 속에서도 여전히 우리 아버
지가 하늘에서 우리를 굽어 보고 계시다는 사실을 예수
그리스도를 통해서 알 수 있음을 강조했습니다. 그러자
그들의 마음이 서서히 진정되어 가고 있음을 피부로 느
낄 수 있었습니다.

저는 여러분이 저와 마찬가지로, 우리에게 어떠한 고난이 닥쳐올지라도 결코 하나님의 사랑과 신실하심을 의심치 않는 믿음을 갖고 계신 줄로 압니다. 우리는 여전히 하나님 나라의 상속자요 하나님의 자녀입니다. 결국 하나님은 우리를 모든 불행에서 건져 내 주실 것입니다. 그래서 주님께서는 우리 모두에게 이렇게 말씀하십니다. "슬퍼하는 사람은 행복하다. 그들은 위로를 받을 것이다."

많은 고난을 받은 사람일수록 자신의 진정한 운명은 고난이나 일상적인 체험과는 거의 무관하다는, 모든 외적인 사건들로부터의 영혼의 자유를 더욱 더 진하게 맛보았을 것입니다. 그런 사람은 마치 땅바닥에 온몸이 내동댕이쳐지는 듯한 고난의 순간에도 자신의 영혼이 고양됨을 느꼈을 것입니다. 그것은 영적인 세계가 물질적인 세계에 대하여 승리할 때 느끼는 놀라운 행복감이자, 감추어진 선한 역사(役事)의 흐름 속에서 자칫하면 한 번도 느껴 보지 못한 채 삶을 마감했을지도 모르는 행복감입니다. 이 때 그는 "우리의 외적 인간은 낡아지지만 내적 인간은 나날이 새로워지고 있습니다"라는 사도 바울의 메시지를 비로소 이해하게 됩니다. 하나님의 평화는 오로지 이러한 체험이 우리 마음 속에 확고부동한 신념으로 자리잡게 될 때에만 가능합니다.

　　오늘날 도시에 사는 사람들은 시골 사람들에 비해 하나님께 가까이 나아왔다는 느낌을 느끼기가 훨씬 더 어려운 것 같습니다. 시골 사람들에게는 가을 안개에 뒤덮인 추수 들녘만큼 하나님과 그분의 사랑을 생생하게 들려 주는 목소리가 또 어디 있겠습니까?

문둥병자 병동으로부터 병원까지 정글 속에 난 길을 걷고 있는 슈바이처
《 에리카 엔더슨 촬영, '센터'에 소장되어 있음

희망을 갖고 묵묵히 홀로 일해 나가는 것—바로 이것
이 진정한 의미의 노동을 원하는 사람이 취하여야 할 자
세입니다. 우리는 마치 농부가 쟁기로 밭고랑을 갈아 나
가듯이, 주 예수 그리스도를 향하여 난 길을 따라서 묵묵
히 나아가기만 하면 됩니다.

우리는 하나님이 인류를 어디로, 그리고 어떻게 인도
하실지 알 수 없습니다. 하지만 어떠한 죄악에든 속죄가
필요하며 어떠한 진보에든 희생이 필요하다는 사실만큼
은 거의 본능적으로 느낄—이해가 아니라—수 있습니다.

하나님의 사랑은 우리 마음 속에서 살아 숨쉬며 우리
를 통해서 세상에 역사(役事)를 일으킵니다. 우리는 세상
의 온갖 소음을 뚫고 아련히 들려 오는 사랑의 순수한 멜
로디에 귀를 기울일 줄 알아야 합니다. 어떤 이들은 "우
리가 성장한 다음에는 좀더 특별한 일들을 해야겠다"고
다짐합니다. 하지만 우리 마음 속 깊은 곳에서 우리에게

말씀하시는 하나님의 사랑의 목소리는 언제나 하나님의 자녀로서 어린이 같은 마음씨를 지닌 사람의 귀에만 들려 오는 법입니다. 하나님의 음성을 들을 줄 아는 사람은 행복합니다.

가만히 귀를 기울여 보십시오. 신비한 나라의 멜로디가 공중에서 들려 올 것입니다.

인생은 온갖 수수께끼로 가득 차 있습니다. 하지만 인생의 궁극적인 문제는 오직 한 가지뿐이며, 바로 그것이 우리의 운명을 결정합니다. 우리는 끊임없이 그 문제의 도전을 받습니다. 그것은 바로 어떻게 하여야만 우리 자신의 의지와 하나님의 뜻이 일치될 수 있겠는가 하는 것입니다. 우리가 얻을 수 있는 가장 큰 지혜는 우리 자신의 인간적인 의지와 하나님의 무한하신 뜻이 하나가 된 가운데 진정한 영혼의 평화를 구하는 것입니다. 그처럼 큰 뜻을 품은 사랑은 온갖 시련 속에서도 결코 낙망하

지 아니하고, 마치 산에서 흘러내린 맑은 물줄기가 거침
없이 강(江)에 이르러 마침내는 광대한 바다에 합류하듯
이 대우주의 일부가 될 것입니다.

≪ 클라라 어커트 촬영

4

영적인 삶

THE LIFE OF SOUL

아마도 여러분은 수면병이라 불리는 중앙아프리카의 질병을 알고 계시겠지요... 하지만 수면병은 우리의 영혼에도 찾아 올 수 있다는 사실을 분명히 기억하셔야 합니다. 영혼의 수면병이 지닌 가장 큰 위험성은, 그 병에 감염되었다는 사실을 전혀 의식할 수 없다는 것입니다. 그러므로 우리는 언제나 매우 주의 깊게 자신의 영혼을 살펴야 합니다. 열정과 열망과 진지성이 사라지고 모든 일에 무관심한 상태로 접어들기 시작할 때—바로 이것이 영혼의 수면병 초기 증상입니다. 피상적인 삶을 살아 가는 사람의 영혼은 곤고하게 마련입니다. 그러므로 우리에게는 자신의 내면을 좀 더 깊숙이 성찰할 수 있는 자기 관조의 시간이 필요합니다. 어떤 사람들은 자신의 내면에서 들려오는 음성을 듣고 나서도 짐짓 귀를 막고 전처럼 살아가려 합니다. 하지만 여러분은 각자의 집에서든

이 교회의 예배 시간에든 고요한 침묵 속에서 자신의 내면을 성찰하는 시간을 갖도록 하여야 합니다. 그럴 때 여러분의 영혼은 번잡한 일상사를 벗어나 무언가 심오한 소리를 들려 줄 것입니다.

마음이 무디어져서는 안됩니다. 우리는 항상 깨어 있어야 합니다. 우리의 영혼보다 소중한 것이 또 어디 있겠습니까?

삶 가운데에서 부딪히게 되는 각종 유혹을 두려워할 필요는 없습니다. 건강한 영혼을 지닌 사람은 어떠한 유혹이든 쉽게 물리칠 수 있는 법이니까요. 하지만 한 가지 여러분이 반드시 기억하셔야 할 것이 있습니다. 그것은 바로, 우리가 하고 있는 일 자체보다는 우리의 영혼이 그 일에 의해 상처 받고 있는지의 여부가 중요하다는 것입니다. 영혼의 상처가 깊어지다 보면 자신도 모르게 돌이킬 수 없는 상태까지 이를 수 있기 때문입니다.

어떤 사람들은 삶의 유혹과는 전혀 무관하게 자신들의 영혼을 병들게 합니다. 영혼을 전혀 돌보지 않음으로써 서서히 시들어 가게 하는 사람들이 바로 그들입니다. 그런 사람들은 젊은 시절의 꿈과 열정을 모조리 상실한 채 온갖 염려와 근심 또는 쾌락 속에서 자기 자신에 대한 성찰력을 잃어 갑니다. 결국 그들은 우리의 영적인 삶을 구성하는 모든 것들에 대한 감각을 완전히 상실해 버리고 맙니다.

저는 수많은 사람들에게서 물질적인 도움과 인격적인 감화를 받았습니다... 언제나 저는 우리의 영적인 삶이 어떤 결정적인 시기에 다른 사람들이 우리에게 베풀어 준 것들에 의해 유지된다고 생각하고 있습니다. 그리고 그 결정적인 시기는 아무런 예고 없이 전혀 예상치 못한 상황에서 찾아 오곤 합니다.

지금까지 윤리의 가장 큰 적은 언제나 무관심이었습니다. 어린 시절의 우리에게는 기본적인 사랑의 능력이 갖추어져 있었습니다. 하지만 그 능력이 우리의 지식이 성장하는 만큼 성장해 주지를 않았습니다. 이는 실로 안타깝고도 비극적인 일이 아닐 수 없습니다. 우리 주위에는 더 이상 사랑할 줄도, 자비로운 마음으로 측은지심을 나타낼 줄도 모르는 사람들이 너무나도 많지 않습니까? 게다가 우리는 다른 사람들과 달리 보이는 것이 두려운 나머지 자신의 선한 감성을 억누르기까지 합니다. 결국, 많은 사람들이 흉측하고 공허한 몰골을 한 흉가 건물 같은 모습으로 살아 가게 되었습니다.

삶의 궁극적인 목표는 모든 인간, 모든 국가, 온 인류가 끊임없이 완전성을 추구하는 것입니다. 우리가 이 목표와 이상을 향하여 흔들림 없이 나아갈 때, 우리의 유한(有限)한 영혼은 무한(無限)과 조화를 이룰 수 있게 될 것입니다.

'슈바이처 마을' 에서 《 에리카 엔더슨 촬영, '센터' 에 소장되어 있음

'영혼'이란 과연 무엇을 의미할까요?... 그 누구도 영혼에 대한 명확한 정의를 내릴 수는 없습니다. 하지만 우리는 그것이 무엇인지 느낌으로 알 수는 있습니다. 저에게는 영혼이 진(眞)·선(善)·미(美)의 세계를 향하여 우리의 생각과 희망과 열망을 고취시키는 어떤 것—우리 자신보다 훨씬 더 고차원적인 세계에 속한 어떤 것이라고 느껴집니다. 그것은 또한 빛의 세계 안에서 호흡하며 끝까지 거기에 남아 빛의 자녀로서 살아 가겠다는 불타는 의지라고 느껴집니다.

번잡한 일상생활의 족쇄에서 우리를 해방시켜 주는 것은 바로 이성(理性)의 힘입니다. 이성적인 사고를 하는 사람은 세상에서 일어나는 모든 일들에 대하여 문제의식을 가지고 숙고하고, 때로는 거기에 적극적으로 참여함으로써 직접적인 체험을 쌓아 나아가기도 합니다... 우리의 행(幸)·불행(不幸)은 결코 일상적인 삶 속에서 우리에게 일어나는 일들에 의해 결정되는 것이 아닙니다. 좋은 조건 하에서 사업이 번창하고 많은 사람들의 부러움을 사더라도 여전히 불행할 수 있는 것이 인간입니다. 우리는 영혼의 평화 없이 행복해질 수는 없습니다. 삶의 복잡한 문제들에 얽혀 골머리를 섞일수록 영혼의 평화에 대한 갈망은 더욱 깊어져 가게 마련입니다. 참된 이성으로 마음을 가다듬은 사람은 마침내 만년설이 눈부시게 빛나는 높은 산에 오르게 됩니다. 하지만 우리의 이성은 거기에서 멈추지 않습니다. 우리가 더 높고 밝은 곳으로, 더 평화롭고 고요한 곳으로 오르기를 재촉합니다.

　　나이가 들수록 우리는 진정한 행복과 위대한 능력이 사람들의 영혼을 감화시키는 영적인 인물들에게서 비롯된다는 사실을 더욱 절실하게 깨닫게 됩니다. 그들이 우리 가까이 있건 멀리 있건, 생전의 인물이건 사후의 인물이건, 이 거친 삶의 행로를 뚫고 나가기 위해서는 그들의 도움이 반드시 필요합니다. 오로지 우리의 영혼 속에서 그들이 살아 숨쉴 때에만, 우리가 마음 속에 품고 있는 모든 선한 생각들이 행동으로 나타날 수 있습니다.

통나무배 위에서 ⟪⟪⟪ 에리카 엔더슨 촬영, '센터'에 소장되어 있음

우리는 다른 사람과의 영적인 교감(交感)을 통해서 엄청나게 놀라운 힘을 얻을 수 있습니다. 영적으로 고립된 채 그 누구도 자신을 이해하고 위로해 줄 사람이 없다면, 그처럼 불행하고 딱한 일이 또 있겠습니까? 하지만 그보다 몇 배나 더 비극적인 경우는, 아예 처음부터 영적인 교감의 필요성을 느끼지조차 못하는 것입니다.

죽음에 대한 두려움 때문에 영생(永生)을 믿게 하려고 지금까지 오랜 세월에 걸쳐 수많은 설교가 행하여져 왔습니다. 그런데 그 결과는 오로지 무감각과 무관심뿐이었습니다. 이 얼마나 비극적이고 불행한 일입니까! 우리의 삶 가운데에서 지겹게 반복되는 일들은 결국에는 우리를 무감각하게 만들게 마련입니다. 튀어 오르기를 반복하던 공은 마침내 바람이 빠져 쓰레기통에 버려지게 마련이고, 날이면 날마다 먹는 보약이 그리 큰 효험을 나타낼 리 없습니다. 이와 마찬가지로, 진리의 말씀이라 할지라도 귀에 못이 박히도록 듣다 보면 믿음이 식어지는 것이 당연한 이치입니다. 사람들은 더 이상 죽음에 대한 두려움이나 영생에 대한 희망 때문에 마음이 움직이지 않습니다. 마치 침묵의 음모처럼, 그들은 죽음의 필연성을 무시한 채 하루 하루를 바쁘게 살아 갈 뿐입니다.

참된 삶을 살아 가기를 원하는 사람은 죽음을 생각할 줄 알아야 합니다. 그렇다고 해서 매 순간 죽음에 대한 생각에 사로잡혀 있을 필요는 없습니다. 하지만 우리가 좌절감에 빠져 어찌할 바를 모를 때, 잠시 모든 일을 중지하고 저 멀리 죽음의 세계를 조용히 바라볼 필요가 있습니다.

이런 눈으로 죽음을 바라보는 사람은 삶을 진정으로 사랑할 수 있게 됩니다. 그런 사람에게는 하루 하루가 축복으로 받아들여질 뿐만 아니라 삶 전체가 매우 소중한 체험으로 다가오게 됩니다.

어떻게 하면 우리는 죽음을 극복할 수 있을까요? 깊은 명상 속에서 이렇게 상상해 보십시오. 우리 자신과,

우리 삶의 주축을 이루는 모든 주위 사람들이 이미 죽음 속으로 사라져버린 존재인데, 지금 이 순간 잠시 동안만 이 세상에 되돌아 와 있다고요.

　　우리는 오직 죽음에 대한 묵상을 통해서만 모든 물질적인 것들로부터 진정한 영혼의 자유를 얻을 수 있습니다. 삶에 대한 집착에서 오는 모든 야망과 탐욕과 권세욕은 죽음을 직시하는 사람 앞에서는 완전히 무기력해지게 마련입니다. 자신의 죽음을 관조하는 사람은 마침내 다른 사람들에 대한 두려움이나 증오심뿐만 아니라 비열한 자아와 모든 물질계로부터 정화(淨化)되어 완전한 평화를 누릴 수 있게 됩니다.

　　저는 죽음을 생각할 때마다 마음이 편해지고 많은 위안을 얻곤 합니다. 여러분은 자신의 삶이 끝없이 이어진다는 것이 얼마나 두려운 일인지 상상해 본 적이 있으십니까?

여러분은 이생의 모든 추악한 욕망과 수치스러운 기억들, 그리고 자기 자신과 다른 사람들에 대한 증오심과 혐오감이 한없이 쌓여 나가는 영원한 삶을 상상하실 수 있겠습니까?

제가 지금까지 죽음에 관해서는 그토록 많은 말을 하면서도 영생(永生)에 관하여는 거의 언급이 없었던 것이 이상하게 생각될지도 모르겠습니다. 사람들이 영생에 관하여 하는 말들은 단지 죽음에 대한 공포를 떨쳐 버리기 위한 공허한 방편에 불과합니다. 그것은 외부로부터 주입된 것으로, 마치 벽에 그린 수채화 그림처럼 한바탕 소나기에 말끔히 지워져 버리고 말 것입니다. 사람들은 영생을 믿기보다는 오히려 죽음에 대한 생각을 애써 떨쳐 버림으로써 죽음에 대한 공포를 회피하는 경우가 더 많습니다.

하지만 죽음을 직시하며 살아 가는 사람, 삶을 자신의 것이 아니라 축복의 선물로 여기며 살아 가는 사람, 마음 속 깊은 곳으로부터 죽음을 극복하고 진정한 자유와 마

음의 평화를 누리며 살아 가는 사람—그런 사람은 영생
이 이미 그의 것이고 현재의 체험이기에, 그리고 이미 거
기에서 오는 평화와 마음의 기쁨을 마음껏 누리며 살아
가고 있기에 진심으로 영생을 믿습니다.

　　이 세상에 그 누구도 죽었다가 다시 살아난 사람은
없습니다. 그러니 제가 여러분을 위로해 드릴 길은 없습
니다. 하지만 저는 한 가지 분명하게 말씀드릴 것이 있습
니다. 그것은, 우리의 이상이 살아 있는 한 우리는 결코
죽지 않으리라는 것입니다.

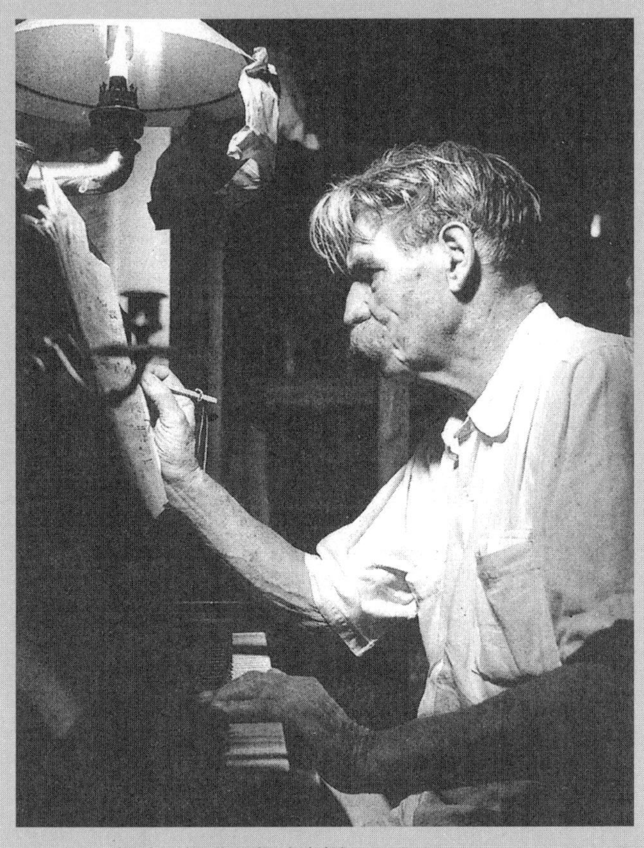

악보에 표시를 하고 있는 슈바이처 《 에리카 엔더슨 촬영, '센터' 에 소장되어 있음

5

예술로서의 음악

THE MUSICIAN AS ARTIST

기쁨과 슬픔, 눈물과 탄식, 그리고 웃음과 소망—이 모든 것들을 음악은 소리로 그려 냅니다. 우리는 그 소리를 들으며 모든 불안을 떨쳐 버리고 마음의 평화를 되찾게 됩니다. 그것은 마치 깊은 산 속에서 고요하고 깊이를 알 수 없는 호숫가에 앉아 산과 숲과 구름을 바라보는 것과도 같습니다.

제가 좋은 오르간을 제작하기 위해 신경을 쓰다 보면, 아예 처음부터 이런 일에 손을 대지 않았으면 좋았으리라는 생각이 들 때가 있습니다. 하지만 제가 이 일을 포기하지 않는 까닭은, 좋은 오르간을 제작하는 일이 저에게는 곧 진리를 탐구하는 과정의 일부이기 때문입니다.

오르간은 젖소에 비유될 수 있습니다. 사람들은 젖
소에게서 오로지 우유만을 기대합니다.

아름답고 풍요로운 음악을 연주할 수 있는 완벽한
오르간을 제작하기 위해서는 기술보다는 예술적 감각이
뛰어난 사람들의 공동작업이 필요합니다. 기술은 예술과
는 거리가 멉니다. 예술은 곧 진리이기 때문입니다.

바하는 시인이었고, 이 시인은 또한 화가이기도 했습
니다. 이는 결코 역설적인 표현이 아닙니다. 우리는 예술
가들이 자신들의 내면 세계를 표현하는 데 사용하는 수
단에 따라 그들을 구분하곤 합니다. 소리를 사용하는 예
술가는 음악가, 색깔을 사용하는 예술가는 화가, 언어를
사용하는 예술가는 시인 등등입니다. 하지만 외적인 기
준에 따른 이 같은 구분은 매우 자의적(恣意的)인 것에
불과합니다. 예술가의 혼은 시인과 화가와 음악가 등 매
우 다양한 자질들의 혼합체이기 때문입니다.

　　비록 우리가 의식하지는 못할지라도, 시적인 감각과 미술적인 감각은 음악이 지닌 소리의 언어들을 이해하는 데 필수적인 요소들입니다. 모든 음악가의 내면에는 시인이 살고 있습니다. 그 시인의 목소리에 유심히 귀를 기울여 보십시오. 여러분은 곧 시적인 감동에 젖어 들게 될 것입니다.

　　바하가 연주에 열중해 있는 모습을 상상해 보십시다. 그는 어떠한 악보든 거기에서 회화적(繪畫的)인 이미지를 발견할 수 있는 한 매우 만족해 하곤 했습니다. 그리고 비록 악보의 주제에 어긋나는 일이 있더라도, 그 회화적인 이미지를 살려 내기 위해서 최선의 노력을 기울였습니다. 자연 역시 그의 눈에는 회화적인 이미지로 받아들여지곤 했습니다.

《 에리카 엔더슨 촬영, '센터' 에 소장되어 있음

베토벤과 와그너가 음악의 시인이었다면, 바하는 극작가에 가까운 화가였다고 할 수 있습니다. 바하는 결코 연속적인 사건들을 그려 내지는 않았습니다. 그 대신, 자신에게 결정적인 의미를 지닌 순간을 포착한 다음, 그것을 음악으로 그려 내곤 했습니다.

바하의 음악적 언어는 매우 정교하면서도 정확한 것이었습니다. 그리고 다른 언어들과 마찬가지로 뿌리가 있었고 시대의 조류(潮流)를 타고 있었습니다.

저는 바하의 음악 속에서 그와 더불어 하나님께 예배를 드리곤 합니다. 바하의 예술활동과 인품은 그의 종교적 경건성을 바탕으로 한 것이었습니다. 그에게는 예술이 곧 종교였기에 세상이나 세속적인 성공에 대하여는 전혀 관심이 없었습니다. 바하는 예술 전반에 대한 정의(定義)에 종교를 포함시켰고, 예술 그 자체를 목표로서 추구했습니다. 그의 눈에는 모든 종류의 예술이 종교적인 것으로 보였습니다. 그는 음악의 멜로디가 인간의 언어로는 표현할 수 없는 영원한 찬송으로서, 결코 사라지지 아니하고 결국에는 하나님에게까지 상달(上達)된다고 믿었습니다.

람바레네에서 현관문 앞에 앉아 마당을 내려다 보는 슈바이처
«« 에리카 엔더슨 촬영, '센터' 에 소장되어 있음

6

문화와 평화

CIVILIZATION AND PEACE

　　문화인의 이상은 삶의 모든 관계에서 진정한 인간성
을 유지하는 것─바로 그것입니다. 그리고 문화인이 된
다는 것은, 현대의 고도로 문명화된 사회 속에서도 인간
적인 삶을 지속해 나가는 것을 의미합니다.

　　우리는 암흑과 공포의 시대에 살고 있습니다. 우리
가 그렇게 된 데에는 우리 시대의 비인간적인 이데올로
기가 결정적인 요인으로 작용했습니다.

　　전쟁과 정략(政略)의 세계에서는 우리 모두가 인간
이라는 사실이 망각됩니다. 그리고 어떤 나라 국민이 우
리의 적인지 아닌지를 판단하기에만 급급하고, 온갖 편

견과 적개심이 그러한 판단에 따라 나타나게 됩니다. 이제 우리는 우리 모두가 인간이며, 우리가 지닌 윤리성을 서로에게 최대한으로 발휘하려고 노력하지 않는 한 인류 공멸(共滅)의 위기가 닥쳐 오리라는 것을 새롭게 깨달아야 합니다.

인간은 결코 혼자서는 살아 갈 수 없는 존재입니다. 우리는 모든 생명을 존중할 줄 알아야 하고, 우리가 그 일부임을 진정으로 깨달아야 합니다. 이와 같은 깨달음으로부터 우리는 우주 만물과 영적인 관계를 맺을 수 있게 됩니다.

오늘날 우리가 당면하고 있는 비극적인 상황을 극복할 수 있는 유일한 길은, 우리가 서로 굳센 신뢰 속에서 살아 나가는 것입니다.

성탄절을 맞아 람바레네 주민들과 함께 ⟪ 에리카 앤더슨 촬영, 노만 커진스 소장

우리의 내면에서 인류애가 힘차게 싹터 나올 때, 우리는 비로소 인도주의적인 이상을 바탕으로 한 문명 세계를 이룩해 나갈 수 있습니다. 우리는 모두 사랑할 수 있는 힘을 지니고 있기에 인도주의적인 영성을 길러 나갈 수 있습니다. 우리들의 마음 속에는 조그만 불씨만 튀어도 당장에 불꽃으로 활활 타오를 잠재력이 있습니다.

저는 진리와 영혼의 힘에 대한 확신을 지니고 있습니다. 그래서 인류의 미래는 매우 밝다고 봅니다.

오늘날의 사회가 우리에게 주는 충격들 가운데 하나는, 수많은 논쟁에도 불구하고 우리 사회에 전혀 발전이 없다는 것입니다. 그 까닭은 무엇일까요? 그것은 우리가 인간 대 인간으로서 상호 신뢰가 없기 때문입니다.

우리는 그 어느 때보다도 사람들 간의 신뢰가 상실된 시대에 살고 있습니다. 이처럼 서로 의심을 품고 믿지 못하는 풍조가 만연된 것은 아마도 세계 각국이 서로에게 불의와 비인간적인 행위를 서슴지 않았던 세계 대전 탓일 것입니다. 그러면 우리는 어떻게 하여야 새로운 신뢰를 싹터 나오게 할 수 있을까요?

우리는 더 이상 불신(不信) 속에서 살아 갈 수는 없습니다. 지금과 같은 상황은 우리 모두를 병들고 무기력하게 만들어 갈 뿐입니다. 여기에서 벗어나기 위해서는 새로운 정신이 우리 모두의 마음 속에 뿌리를 내려야 하고, 우리는 인류의 미래에 대한 희망과 확신을 잃지 말아야 합니다.

우리가 현재의 혼돈 상태에서 벗어나기 위해서는 진정한 문명의 이상(理想)이 다시 한 번 우리 모두의 마음 속에서 싹터 나와야만 합니다.

오늘날의 정치적, 사회적, 종교적 각종 조직들은 그 구성원 각자가 스스로의 판단에 의해서 어떤 확신에 이르게 되는 것보다는, 조직이 미리 확정해 놓은 신념들을 그대로 받아 들이기를 원합니다. 그렇기 때문에 조직들은 스스로 사고하며 영적으로 자유로운 사람을 불편하게 생각할 뿐더러, 때로는 위험한 존재로 취급하기까지 합니다. 그런 사람은 조직이 원하는 것들에 쉽사리 영합하지 않기 때문입니다. 오늘날의 조직들은 그들이 표방하는 이상(理想)의 영적인 가치나 그 구성원 각자의 능력보다는, 배타성을 전제로 한 단결력으로부터 조직의 힘— 방어력과 공격력—을 길러 나가고 있습니다.

우리 시대의 역사에는 과거 어느 때보다도 이성적인 사고가 결여되어 있습니다. 미래의 역사가들은 우리의 역사를 상세하게 분석하여 기록할 것이고, 그럼으로써 자신들의 학식과 공정성을 드러내게 될 것입니다. 하지만 시대와 장소를 불문하고 윤리적인 원리를 배경으로 하지 않는 문명은 반드시 붕괴되고야 말리라는 것은 영원히 변치 않을 진리입니다.

윤리란 모든 생명에 대한 무한한 의무를 뜻합니다.

저는 오늘날의 저널리즘을 크게 우려하고 있습니다. 부정적인 사건들을 지나치게 부각시키는 한편, 긍정적이고 발전적인 사건들은 축소화 시키거나 간과해 버리는 경향이 있기 때문입니다. 그래서 오늘날 우리의 사회에는 부정적이고 절망적인 분위기가 지배하게 되었습니다. 사람들이 인류의 진보에 대한 자신들의 신념을 뒷받침해 줄 만한 사건이 거의 일어나지 않는다고 느끼게 될 때, 인류의 진보는 실제로 불가능하게 될 수도 있습니다. 인류의 진정한 진보는 그것이 가능하다는 확신 없이는 결코 이룩될 수 없습니다.

《 노만 커진스 촬영

오늘날의 문명세계에 있어서 인류의 발전을 저해하는 또 하나의 커다란 장애물은 우리의 삶이 지나치게 조직화되어 있다는 사실입니다.

적절하게 통제된 환경은 문명의 전제 조건인 동시에 그 산물이기도 합니다. 하지만 어느 단계에 이르러서는 외적인 조직화를 위해서 사람들의 영적인 삶이 희생된다는 사실을 부인할 수 없습니다. 인격과 이상이 각종 조직의 근본 뿌리가 되어 조직의 본체에 생명을 불어 넣어야 함에도 불구하고, 오히려 조직이 인격과 이상을 좌지우지하는 것이 오늘의 현실입니다.

미래를 예견하고 거기에 대처할 수 있는 능력을 상실한 인류는 마침내 이 지구를 파멸로 몰고 갈 것입니다.

끊임없이 해가 뜨고 지며 달과 별들이 밤하늘에 운행하고 있다는 사실을 모르고 있는 사람은 없습니다. 하지만 바로 그 해와 달과 별들이, 언젠가는 모든 생명이 사

라져 버린 이 지구를 처량하게 내려다 보고 있을 수도 있다는 생각을 하는 사람은 그리 많지 않은 것 같습니다.

　자유를 빙자하여 핵전쟁을 일으키는 사람들은 매우 비참한 최후를 맞게 될 것입니다. 그들에게는 자유 대신 처참한 파괴의 현실이 기다리고 있습니다. 동(東), 서(西) 간의 핵전쟁으로 인한 방사능 구름이 이 땅 위의 모든 생명체를 파멸로 몰고 갈 것이기 때문입니다. 그렇게 되기에는 지금 현재 존재하고 있는 핵무기나 수소폭탄을 모두 터뜨릴 필요도 없습니다. 그러므로 핵전쟁이야말로 가장 몰지각하고 광적인 행위가 아닐 수 없습니다. 우리는 어떠한 대가를 치르더라도 핵전쟁을 반드시 막아야만 합니다.

휴가를 맞아 유럽으로 떠나는 간호사를 배웅하는 슈바이처와 람바레네 의료진
《 노만 커진스 촬영

핵전쟁에는 승자도 패자도 없습니다. 일단 핵폭탄이 투하되고 나면 양측 모두가 똑같이 비극적인 운명을 겪어야 합니다. 엄청난 파괴가 뒤따르게 되고, 어떠한 평화 협상이나 휴전협정도 사태를 되돌이킬 수 없기 때문입니다.

지금 우리는 머지 않은 장래에 인류 전체를 핵전쟁으로 몰고 갈 광적인 핵무기 경쟁을 계속해 나갈 것인지, 아니면 핵무기를 버리고 온 인류가 평화롭게 공존할 길을 찾아 나설 것인지의 선택의 기로에 서 있습니다. 번영된 인류의 미래를 위해서 우리는 지금 현명한 결단을 내려야 합니다.

생존을 빙자한 폭력이 그 어느 때보다도 잔인한 모습을 드러내고 있는 오늘날, 저는 여전히 사랑과 진리, 그리고 겸손한 자세로 평화를 사랑하는 마음이야말로 그 어떠한 폭력도 물리칠 수 있는 강력한 힘이라고 믿습니다.

오늘날 사람들의 마음 속에는 평화에 대한 갈망이 그 어느 때보다도 간절하게 일고 있습니다. 우리 모두의 마음 속에서 싹터 나온 진정한 평화의 정신이 온 세상을 지배하게 될 때, 우리의 앞날에는 무한한 가능성의 세계가 활짝 열릴 것입니다. 인류가 멸망하지 않으려면 반드시 그러한 일이 실제로 일어나야만 합니다.

우리의 영혼은 고난 속에서 우리에게 필요한 것들을 이루어 낼 수 있을까요?

우리는 결코 영혼의 힘을 과소평가해서는 안 됩니다. 인류의 역사가 그 힘을 분명하게 증거하고 있습니다. 좀더 고차원적인 삶의 원동력이 되는 인도주의에 의해 고양된 정신을 지닌 사람은 자기 자신에게 신실할 뿐더러 진취적이고 창조적인 삶을 살아 갈 수 있게 됩니다.

《 에리카 앤더슨 촬영, '센터'에 소장되어 있음

오늘날의 세계에 있어서
평화의 문제

오늘날 우리는 역사를 잘못 이해한 나머지 무엇이 올바르며 무엇이 유익한 것인지에 대한 판단력이 흐려지고 말았습니다. 역사의 권리—그리고 무엇보다도 인간의 권리—를 짓밟는 가장 극악한 폭력은 사람들의 삶의 터전인 땅을 탈취하는 것입니다. 제2차 세계대전이 끝나고 나서, 승전국들은 수많은 사람들에게 이 같은 폭력을 잔인하게 행사하였습니다. 그들은 좀더 번영된 인류의 미래를 위해서 자신들에게 맡겨진 임무가 무엇인지를 잘못 이해하고 있었던 것입니다.

그러면 지금 우리가 살고 있는 이 현대 사회에 있어서 평화의 문제는 어떠한 것인가요? 오늘날의 세계는 그 지긋지긋한 전쟁만큼이나 예전과 다른 모습을 하고 있습니다. 현대전에서는 과거와는 비교도 되지 않을 만큼 파괴적인 무기들이 사용되기 때문에 오늘날에는 전쟁만큼 큰 죄악이 없습니다. 과거에는 전쟁이 인류의 발전을 위한 일종의 필요악처럼 생각되던 때가 있었습니다. 그런 시절에는 심지어 주변 약소국들을 모조리 복속시킨 초강대국에 의해 역사의 진로가 결정되는 편이 모두의 발전을 위해서 더 유익하리라는 주장까지 나왔습니다.

1914년 이전의 세대에게는 전쟁 무기의 엄청난 파괴력 증가가 인류에게 오히려 유익할 것으로 보였다는 사실을 기억할 필요가 있습니다. 그들은 장차 일어날 국가 간의 모든 분쟁이 예전과는 달리 매우 신속하고 간단하게 해결되리라고 기대했던 것입니다.

그들은 또한 인간적인 요소가 전쟁 규칙에 도입됨으로써 전쟁 피해가 상당히 감소될 수 있다고 생각했습니다. 국제적십자사의 노력에 의해 1864년에 체결된 제네바 협정의 의무 조항들이 그 대표적인 예입니다. 그 내용은 주로 아군, 적군을 가리지 않고 부상병들을 치료해 주고, 전쟁 포로들을 인간적으로 처우하며, 민간인들의 피해를 극소화 시키자는 것이었습니다. 그 후로 이 협정은 상당한 실효를 거두어, 수많은 군인들과 민간인들이 지난 90년 동안 이 협정의 혜택을 입었습니다. 하지만 그것은 죽음과 파괴를 부르는 가공할 현대 무기에 의해 가해진 엄청난 피해에 비하면 언급조차 할 가치가 없는 것입니다. 결국, 오늘날의 세계에는 "인간적인 전쟁"이라는 것이 결코 존재할 수 없습니다.

전쟁의 공포와 죄악을 이처럼 절실하게 깨닫게 되었다면, 우리는 전쟁의 재발을 방지하기 위해서 모든 수단을 다 동원하여야만 합니다. 그리고 무엇보다도, 그러한 결단은 윤리적인 가치들을 바탕으로 한 것이어야 합니다. 두 차례에 걸친 세계대전에서 인류가 행한 비인간적인 잔혹 행위들은 이루 헤아릴 수 없이 많았습니다. 이제 또 전쟁이 일어난다면 우리는 얼마나 더 잔악한 행위를 저지르게 되겠습니까?

이제 우리는 용기를 갖고 현실을 직시할 수 있어야 되겠습니다. 오늘날의 인간은 과학과 기술의 힘을 입어 초인(超人)이 되었습니다. 인간은 마음먹은 대로 자연력을 통제하고 이용할 수 있게 되었음은 물론, 각종 가공할 무기를 만들어 내었습니다.

하지만 이 초인이 정신까지 초인인 것은 아닙니다.
초인적인 능력에 상응하는 수준까지 이성적인 사고력을
발전시키지는 못했기 때문입니다.

오늘날 우리는 불안 속에서 살고 있으며, 세계 각국은
가상(假想) 적국들에 대한 피해망상증에 걸려 있습니다.
이 같은 현실에서 벗어날 수 있는 유일한 길은, 각국이
지니고 있는 가공할 무기들이 자신들을 보호하고 방어해
주리라는 생각을 버리는 것입니다.

저는 이 자리에서 미래의 전쟁에 대한 공포에 휩싸여
사는 수많은 사람들의 생각과 소망을 대변했다고 믿습니
다. 부디 제가 지금까지 드린 말씀이 진정한 의미에서 널
리 이해되어, 전쟁의 공포와 비인간적인 장벽이 이 땅에
서 영원히 사라지게 되기를 진심으로 기원합니다.

저는 또한 세계 각국의 운명을 손에 쥐고 있는 사람
들이 오늘날의 상황을 악화시키거나 위험에 빠뜨리는 일
들을 결코 하지 않게 되기를, 그리고 사도 바울의 다음과
같은 메시지를 마음 속 깊이 명심하게 되기를 진심으로
기원하는 바입니다. "여러분의 힘으로 되는 일이라면 모
든 사람과 평화롭게 지내십시오." 이 메시지는 우리들

각자뿐만 아니라 이 세상 모든 나라들을 위한 메시지입니다. 부디 모든 나라가 평화로운 세상을 이룩하려고 노력하는 가운데, 우리의 영혼이 더욱 굳세고 깨끗하게 되어 오직 선한 일에 열심을 낼 수 있게 되기를!

《 1952년에 결정된 노벨평화상을 수락한 슈바이처 박사가 1954년 11월 오슬로에서 행한 연설 가운데에서 발췌한 내용임

슈바이처 연혁(沿革)

1875년
1월14일 알자스 지방 케이저스버어그에서 출생. 이 해에 그의
부친은 알자스 지방 문스터 밸리의 귄스바하에서 목사
가 됨

1893년
6월18일 풀하우스 짐네지엄에서 대학 입학 자격 시험에 합격.
10월 파리에서의 첫번째 체류. 비도 문하(門下)에서 오르간을
공부함
11월 세인트 토마스 신학교에서 기숙사 생활을 하며 스트라
스버어그 대학교에서 신학과 철학 그리고 음악 이론공
부를 시작함. 대학시절에 최초의 저서 집필. 프랑스어로
된 이 소책자는 슈바이처의 사회활동이 시작되자마자
장티푸스로 세상을 떠난 풀하우스의 오르간 은사 유진
문치의 삶과 업적에 관한 것이었음.

1894년4월~
1895년4월 143 보병연대에서 군 복무
1897년 가을 신학교 입학을 위한 1차 시험으로 교수진이 제시한 논
문에 착수. 논문제목은 "루터, 츠빙글리, 칼빈과 비교한
다니엘 슐라이어마허의 최후의 만찬 개념".

1898년
5월6일 교수진 앞에서 1차 시험 통과.
여름 스트라스버어그 대학교 지글러 교수와
빈델반트 교수 문하에서 철학 공부를 계속함. 여름이 저
물어갈 무렵, 지글러 교수에게 "종교철학의 진화 과정
에 비추어본 칸트의 종교철학" 이라는 박사학위 논문 주

제 제출.

가을~
1899년 봄   파리의 소르본느 대학에서 공부하며 비도 문하에서 오르간 연구에 몰두함.

1899년
4월~7월   철학과 오르간 공부를 위해 베를린에 체류.
7월 하순   철학 시험을 통과한 뒤 스트라스버어그에서 박사학위 취득.
12월   1차 시험에 합격한 신학생은 일정 기간 교회에서 봉사해야 한다는 규정에 따라 스트라스버어그의 세인트 니콜라스에서 교역에 종사.
12월 하순   칸트의 종교철학에 관한 저서가 튀빙겐에서 모르에 의해 출간됨. 책명은〈The Religious Philosophy of Kant from the "Critigue of Pure Reason" to "Religion Within the Bounds of Mere Reason"〉.

1900년
7월15일   박학(博學)한 목회자들로 구성된 심사위원회 앞에서 신학 2차 시험 통과.
7월21일   최후의 만찬에 관한 연구로 신학 석사 학위 취득.
9월23일   세인트 니콜라스에서 정식 목회자로 안수 받음.

1901년
5월1일~   프로테스탄트 신학교 임시직 교수로 임명됨.〈하나님 나라의 신비〉(The Mistery of the Kingdom of God)가
9월30일   튀빙겐에서 모르에 의해 출간됨.

1903년
10월1일   프로테스탄트 신학교 정식 교수로 임명됨.

1905년
1월14일   서른 번째 생일을 맞아 자신의 여생을 적도 아프리카의 원주민들을 대상으로 한 의료 봉사로 마칠 결심을 함.

| 10월13일 | 〈바하〉(J.S. Bach)가 파리에서 코스탈랏에 의해 출간됨. 의료 선교에 몸바쳐 일할 것을 공포하고 파리 선교회 회원으로 가입함. |

| 1906년 | 신학교 교수직을 사퇴하고 스트라스버어그 대학교에서 의학 공부 시작. 〈역사적 예수를 찾아서〉 *(The Quest of the Historical Jesus)*가 튀빙겐에서 모르에 의해 출간되고, "독일과 프랑스의 오르간 제작과 연주" (German and French Organ−Building and Organ−plaing)라는 제목의 논문이 라이프치히에서 브라이트코프와 하르텔에 의해 출간됨. |

| 1909년
5월 | 비엔나에서 열린 제3회 국제음악협회 모임에서 오르간 부문 연설을 행하고 , '오르간 제작에 관한 국제 규정' 작성에 주도적인 역할을 함. |

1911년	〈바울과 바울 신학의 해설자들〉(Paul and His Interpeters)이 튀빙겐에서 모르에 의해 출간됨.
가을	뮌헨에서 열린 프랑스 음악 축제에서 비도 작곡 '오르간과 오케스트라를 위한 심포니 제2번' 을 연주함.
가을~12월	지칠 대로 지친 상태에서 스트라스버어그 대학교의 의사 자격 시험 합격.
6월18일	스트라스버어그 대학교 역사학자의 딸 헬렌 브레슬라우와 결혼. 나중에 슈바이처는 귄스바하에 있는 부친의 집에서 아내의 도움을 받아 가며 〈바울과 바울 신학의 해석자들〉 제2판을 집필하게 됨.

| 1913
년2월 | 인턴 과정과 논문을 마치고 의학박사 학위 취득. |
| 3월26일 | 파리 선교회 후원으로 람바레네에 병원을 설립할 목적으로 보르도에서 배를 타고 아프리카로 향함. 〈예수에 관한 정신의학적 연구〉(The Psychiatrical Study of Jesus)와 〈바울과 바울 신학의 해석자들〉 제2판이 튀빙겐에서 |

모르에 의해 출간됨.

1914년
11월
적국인(敵國人)으로서 아내와 더불어 람바레네에서 의료 봉사 시작. 〈문명의 철학〉(The Philosophy of Civilization)집필에 착수.

1915년
9월
오고웨 강(江)을 거슬러 무려 200킬로미터에 달하는 바지선(船) 여행 중 '생명에 대한 경외' 라는 영감을 받게 됨. 이는 그가 지금까지 애타게 찾아 온 윤리의 근본 원리이자 보편 개념이었고, 나중에 그가 정립한 문명 철학은 모두 이 개념을 바탕으로 한 것이었음.

1917년9월
아내와 함께 프랑스로 돌아 와 의료 봉사에 전념.

1918년 봄
상레미로 이사한 후, 낮에는 의료 봉사, 밤에는 철학 공부에 전념
7월 하순
알자스로 귀향.

1919년
세인트 니콜라스에서는 목사직을, 그리고 스트라스버어그 시립병원에서는 의사직을 얻게 됨.
1월14일
생일에 딸이 태어남.

1920년 봄
스웨덴의 웁살라에서 생명 존중의 윤리를 주제로 종교 철학 강의를 계속함. 병원 재정을 위하여 오르간 연주회와 강연을 계속함. 취리히에서 명예 신학박사 학위를 받음. 〈원시림의 가장자리에 서서〉(*On the Edge of the Primeval Forest*)가 웁살라에서 출간됨.

1921년4월
스트라스버어그에서 얻은 직책들을 포기하고 권스바하로 돌아 와 부친의 목사사역을 도우며 조용히 〈문명의 철학〉(*The Philosophy of Civilization*) 집필에 전념함.
1923년 봄
〈문명의 철학〉이 뮌헨과 베른에서 두 권으로 나뉘어 출

간됨. 책명은 제1권 〈문명의 쇠퇴와 부흥〉(The Decay and Restoration of Civilization), 제2권 〈문명과 윤리〉(Civilization and Ethics). 같은 해에 〈그리스도와 세계종교〉(Christianity and the World—Religion)가 런던에서 알렌과 언윈에 의해 출간됨

1924년

2월 〈나의 어린시절과 청년기의 추억〉(Memoirs of Childhood and Youth)가 런던에서 알렌과 언윈에 의해 출간됨.

2월14일 건강이 좋지 않은 아내를 유럽에 남겨 둔 채 스트라스버어그를 떠나 아프리카로 감.

4월19일 아프리카에서의 두 번째 체류(1927년 7월 21일까지 계속됨). 파괴된 병원을 재건하기 위해서 모든 집필 활동을 중지함. 낮에는 의사로, 저녁에는 막노동자로 일함. 환자 수가 날로 늘어나자 유럽에 사람을 보내어 의사 두 명과 간호사 두 명 증원 요청. 그런 와중에도 오르간 연습을 계속함. 아프리카에서의 활동 내용은 편지 형식으로 친지들과 지원자들에게 보내졌고, 뮌헨과 베른에서 세 권의 소책자로 출간됨.

1925년 프라하 대학교에서 명예 철학박사 학위를 보내 옴.

1927년 7월 유럽으로 귀환. 스웨덴, 덴마크, 영국, 체코슬로바키아, 스위스, 독일, 폴랜드 등지를 순방하며 강연과 연주회를 계속함. 이 기간 중 모든 여가 시간을 〈사도 바울의 신비주의〉(The Mysticism of Paul the Apostle) 집필에 사용함. 이 책은 1929년 12월 다시 아프리카로 되돌아 오는 배 위에서 탈고됨

1928년

8월28일 프랑크푸르트 시(市)로부터 '괴테 상(賞)' 수상(受賞). 괴

테에게 진 빚에 감사하며 수상 연설을 함.

1929년
12월26일 아프리카에서의 세 번째 체류(1932년 1월 7일까지 계속됨). 이 기간에 그가 쓴 자서전 〈나의 삶과 사고(思考)로부터〉(Out of My Life and Thought)는 1932년 라이프치히에서 펠릭스 마이너에 의해 출간됨.

1931년 에딘버러 대학교에서 명예 신학박사 학위와 명예 음악박사 학위를 받음.

1932년 옥스포드 대학교에서 명예 철학박사 학위, 그리고 세인트 앤드류스 대학교에서 명예 법학박사 학위를 받음.
2월 유럽으로 돌아와 여러 나라를 순방하며 강연과 연주를 계속함. 〈문명의 철학〉 제3권에 착수.

1933년
4월21일 아프리카에서의 네 번째 체류(1934년 1월 11일까지 계속됨). 모든 여가 시간을 〈문명의 철학〉 제3권 집필에 사용함.

1934년
가을 옥스포드 맨체스터 대학에서 "현대 문명 안에서의 종교"라는 제목으로 '히버트 강의'를 계속함.
11월 에딘버러에서 인도, 중국, 그리이스, 페르샤의 위대한 사상가들을 통한 인류 사상의 발전 과정을 주제로 '기포드 강의'를 계속함. 특히 인도 철학 부문의 강의 내용은 1934년 뮌헨에서 〈인도 철학과 그 발전 과정〉(Indian Thought and Development)이라는 제목으로 베크에 의해 독립된 서적으로 출간됨.

1935년
2월26일 아프리카에서의 다섯 번째 체류(1935년 8월 22일까지 계속됨).
11월 '기포드 강의' 두 번째 시리즈를 계속하는 한편 유럽 각지를 순방하며 강연과 연주회 개최.

1936년   철학 집필을 계속하는 한편 런던의 콜롬비아 레코드사
               (社)에서 오르간 연주곡을 취입. 이 때 사용된 오르간은
               스트라스버어그에서 세인트 오렐리아에 의해 제작된
               것이었음.

1937년
2월18일   아프리카에서의 여섯 번째 체류(1939년 1월 10일까지
               계속됨). 이 기간 중 철학 집필을 끝마칠 수 있으리라고
               기대했으나 격증하는 병원 일 때문에 시간을 내기가 어
               려워짐.

1938년
1월10일   〈문명의 철학〉 제3권을 완성키 위해 유럽으로 귀환.
2월   유럽에 도착했으나 임박한 전쟁의 공포 때문에 즉시 아
               프리카로 되돌아 감.

3월3일   아프리카에서의 일곱 번째 체류(1948년 10월까지 계속
               됨). 전쟁 발발 후 2년 간은 철학 집필이 가능했으나 그
               이후로는 의료진의 부족으로 인해 오로지 환자들을 보
               살피는 일에만 전념함. 1945년이 끝나 갈 무렵 람바레네
               에서 보낸 전쟁 시절 이야기를 책으로 엮어 〈람바레네
               1932~1945〉라는 제목으로 출간함.

1948년9월   유럽으로 돌아 와 스위스에서 살고 있던 네 명의 손자들
               과 처음으로 상면. 쾨니히스펠트에서 아내를 만나기도
               했으나 대부분의 시간을 〈문명의 철학〉 제3권을 집필하
               며 퀸스바하의 집에서 보냄.

1949년
6월28일   뉴욕에 도착하여 첫번째 미국 여행. 록펠러 기념 교회에
               서 시카고 대학교로부터 명예 법학박사 학위를 받음. 뉴
               욕, 보스톤 등지를 방문한 다음 알자스에 있는 집으로
               귀환.
10월   아프리카에서의 여덟 번째 체류(1951년 5월까지 계속
               됨). 미국의 의료 기술을 이용하여 원주민들의 문둥병

치료에 전념함.

1950년   프랑스의 '레죵 도뇌르(Legion d' Honneur)' 작위를 받음.

1951년

5월~12월   1951년 9월 15일, 유럽으로 돌아 온 슈바이처는 세계 평화에 기여한 공로를 인정 받아 독일의 프랑크푸르트에서 '서독 서적 출판 및 판매인 협회' 로부터 10,000마르크의 상금을 받음. 이 상금을 독일의 난민들과 빈곤한 작가들을 위해서 헌납함.

12월3일   '윤리와 정치학 아카데미' (프랑스)의 회원으로 선출됨.

12월   아프리카에서의 아홉 번째 체류(1952년 7월까지 계속됨).

1952년

2월27일   슈바이처의 위대한 인도주의적 봉사를 기리기 위해서 구스타프 아돌프 왕이 '찰스 황태자 메달' 을 수여.

7월~11월   유럽에 체류.

11월   아프리카에서의 열 번째 체류(1954년 5월까지 계속됨). 자신의 부모님들을 기리는 의미에서 아프리카 원주민 문둥병자 마을을 새로 건립함.

1953년

10월30일   슈바이처 자신이 참석하지 못한 가운데 1952년 노벨평화상 수상(노르웨이 주재 프랑스 대사가 슈바이처를 대신하여 수상함). 36,000달라의 상금을 문둥병자를 위한 병원 건축에 쓰기로 함.

1954년

5월12일   '미국 예술 및 과학 아카데미' 의 외국인 명예 회원으로 선출됨

1954년

5월~12월   유럽에 체류. 1954년 11월 4일, 오슬로에 간 슈바이처는 구스타프 아돌프 왕이 참석한 가운데 사람들이 오랫동

	안 고대해 왔던 노벨평화상 수락 연설("오늘날의 세계에 있어서 평화의 문제")을 행함.
12월	아프리카에서의 열한 번째 체류(1955년 5월까지 계속됨). 문둥병자들을 위한 병원 건립이 거의 마무리 단계에 들어 감.
1955년	람바레네에서 80회 생일을 맞음. 바로 이 날 '파리시(市) 금메달'을 수여받음.
5월~12월	유럽에 체류. 1955년 10월 19일, 엘리자베스 여왕에 의해 명예 '영국 메릿 훈장'(British Order of Merit, 1902년에 제정되어 국가적인 유공자 24명에게 수여된 훈장)을 수여받음. 10월 22일, 켐브리지 대학교에서 명예 법학박사 학위를 받음. 11월 11일, 서독의 호이스 대통령으로부터 훈장(Pour de Merite)을 받음.
12월	아프리카에서의 열두 번째 체류.
1956년	
1월14일	람바레네에서 81회 생일을 맞음.
1957년	
5월30일	스위스에서 아내가 사망함.
8월23일	유럽에 도착.
12월4일	아내의 유해(遺骸)를 가지고 보르도를 출발하여 성탄절 날 람바레네의 병원에 도착함.
1958년	
1월14일	병원 기지에서 83회 생일을 맞음. "평화냐 핵전쟁이냐?"가 오슬로에서 방송됨.
1963년	
4월	람바레네의 희년을 맞아 28개국의 지원자들로부터 축하 메시지를 받음.
1965년	
9월4일	람바레네에서 숨을 거두고 그 곳에 묻힘.

《 클라라 어커트 촬영

참고자료

《《 본서에 실린 인용문들은 알버트 슈바이처의 연설과 설교와 간행물들, 그리고 그에 관한 각종 자료들에서 발췌한것이다.

Schweitzer Gymnasium에서 행한 연설(1959).

〈The Animal World of Albert Schweitzer〉, Charles R. Joy 역 (Boston: Beacon Press, 1950).

〈Animals, Nature, and Albert Schweitzer〉, Ann Cottrell Free(Great Barrington, Massachusetts: The Albert Schweitzer Center, 1982).

〈The Courier〉 (New York: The Albert Schweitzer Fellowship, 1982년 여름).

"A declaration of Conscience", 〈Saturday Review〉 1957년 5월 18일자.

〈Dr. Schweitzer of Lambarene〉, Norman Cousins(New York:Harper & Row, 1960).

"The Ethics of Reverence for Life," 〈Christendom〉, 제1권(1936년 겨울).

〈For All That Lives〉, Ann Atwood 와 Erica Anderson 공저(New York: Charles Scribner's Sons, 1975).가봉 총독과의 인터뷰 (1958).

〈J. S. Bach〉, 제1권과 제2권(New York: The Macmillan Company, 1964).

〈Memoirs of Childhood and Youth〉(New York: The Macmillan, 1963).

〈Music in the Life of Albert Schweitzer〉, Charles R. Joy(New York: Haper & Brothers, 1951).

〈On the Edge of the Primeval Forest〉(New York: The Macmillan Company, 1948).

〈Out of My Life and Thought〉(New York: Henry Holt, 1933).

〈Peace or Atomic War?〉(New York: Henry Holt & Co,. 1958).

〈The Philosophy of Civilization〉(New York: The Macmillan Company, 1932).

〈The Problem of Peace in the World of Today〉, 노벨 평화상 수락 연설(New York: Harper & Brothers, 1954).

〈Prophet in the Wilderness〉, Hermann Hagedorn (New York: The Macmillan Company, 1947).

〈Reverence for Life〉(New York: Harper & Row, 1966)

〈Reverence Newsletter〉 제4호(Great Barrington, Massachusetts: The Albert Schweitzer Center).

〈Saturday Review Treasury〉, John Haverstick과 〈Saturday Review〉 편집부(New York: Simon & Schuster,1957).

〈The Schweitzer Album), Erica Anderson(New York:Harper & Row, 1965).

〈The Teaching of Reverence for Life〉(New York: Holt,Rinehart & Winston, 1965).

〈The World of Albert Schweitzer〉, Erica Anderson과E. Exman 공저(New York: Harper & Brothers, 1955).